El atletismo

POR M. K. OSBORNE

AMICUS

Amicus High Interest es una publicación de Amicus
P.O. Box 227, Mankato, MN 56002
www.amicuspublishing.us

Información del catálogo de publicaciones de la biblioteca del congreso
Names: Osborne, M. K., author.
Title: El atletismo / M.K. Osborne.
Other titles: Track and field. Spanish
Description: Mankato, Minnesota : Amicus, 2020. | Series: Deportes olímpicos de verano | Includes index. | Audience: K to grade 3.
Identifiers: LCCN 2019007342 (print) | LCCN 2019008108 (ebook) | ISBN 9781681519258 (pdf) | ISBN 9781681518992 (library binding)
Subjects: LCSH: Track and field–Juvenile literature. | Olympics–Juvenile literature.
Classification: LCC GV1060.55 (ebook) | LCC GV1060.55 .O8617 2020 (print) | DDC 796.42–dc23
LC record available at https://lccn.loc.gov/2019007342

Editora: Wendy Dieker
Diseñador: Aubrey Harper
Investigación fotográfica: Shane Freed

Créditos de Imágenes: Andrew Medichini/AP cover; Kyodo News/Newscom 4, 24–25; PCN Black/Alamy 7, 12, 27; Adrian Dennis/Getty 8; Fabrice Coffrini/Getty 10–11, 31; David Davies/Alamy 15; Matt Dunham/AP 16, 19; David J. Phillip/AP 20; Xinhua/SIPA/Newscom 23; PCN Photography/Alamy 27; Xinhua/Alamy 28

Tabla de Contenido

El tablero olímpico de 200 metros presenta a las mujeres más rápidas del mundo.

¿Por qué llaman a estos eventos de "pista y campo"?

Grandeza atlética

¡En sus marcas! ¡Listos! ¡Fuera! Es hora de atletismo en los Juegos Olímpicos. Algunas personas llaman "atletismo" a estos eventos. La razón es que estos eventos son verdaderos espectáculos de grandeza atlética. Los atletas de todo el mundo vienen a los Juegos Olímpicos para correr, saltar y lanzar. ¿Quién ganará las medallas de oro?

R Las competencias de carrera tienen lugar en una gran pista ovalada. Las competencias de lanzamiento y salto tienen lugar en un campo con hierba.

Competencias de carrera

¡Pum! El juez dispara la pistola de arranque. Los **velocistas** arrancan con rapidez increíble en las carreras cortas. La carrera más corta es la de 100 metros planos. ¡El ganador a menudo cruza la línea de meta en menos de 10 segundos! Los velocistas también compiten en carreras de 200 y 400 metros. ¡No puedes parpadear! Los ganadores pueden ganar por cruzar la meta una centésima de segundo antes que el resto de los corredores.

El medallista de oro Usain Bolt despega en la carrera de 100 metros. Usain es llamado el mejor velocista de todos los tiempos.

JAMAICA
Rio2016
BOLT
5
Rio2016
6
MONDO

La medallista de oro de EE. UU., English Gardner, toma el testigo para hacer su parte en los relevos de 4x100.

¿Cuántos metros tiene una la pista olímpica?

En las carreras de **relevos**, cuatro corredores toman turnos para competir por su equipo alrededor de la pista. El primer corredor recorre su distancia asignada y entrega el testigo al siguiente corredor. Gana el primer equipo que lleve el testigo tras la meta. Podrás ver dos carreras de relevos diferentes. En la de 4x100, cada corredor recorre 100 metros. En la de 4x400, cada corredor da una vuelta completa a la pista.

La pista tiene 400 metros en total.

Otro evento de carrera rápida es la de **obstáculos**. Los corredores compiten conservando sus carriles. Durante la carrera, saltan para evitar los obstáculos. ¡Perder el paso puede hacer que un corredor caiga a la pista! Cuando se trata de carreras cortas, una caída puede hacerte perder. Solo los corredores más fuertes y más rápidos participan en carreras con obstáculos.

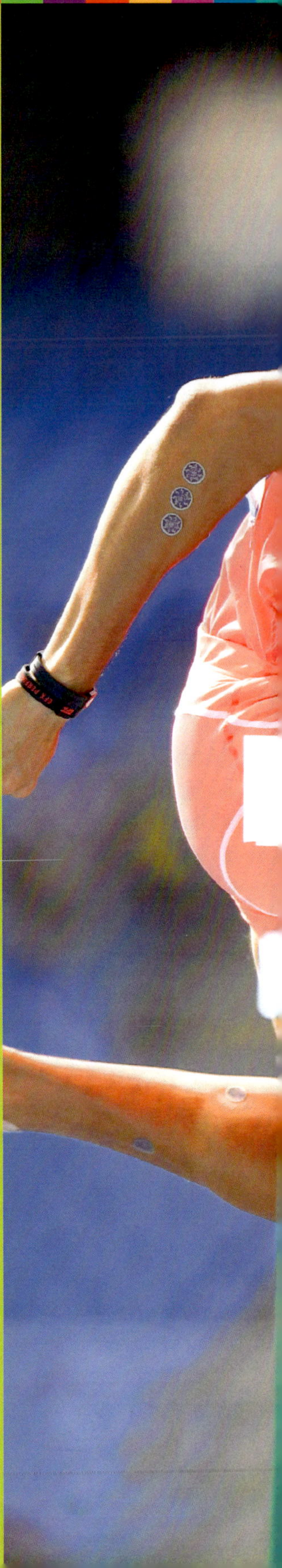

Keisuke Ushiro de Japón salta sobre un obstáculo en los Juegos Olímpicos de 2016.

Rio2016
Rio2016
MONDO

El corredor de distancia de EE. UU., Lopez Lomong, lidera el grupo en la carrera de 5 000 metros.

¿Por qué una maratón tiene 26.2 millas?

Algunas competencias no son tan rápidas. Los corredores de larga distancia compiten en carreras desde 800 hasta 10 000 metros. La carrera más larga es la maratón. ¡La maratón tiene 26.2 millas (42.2 km) de largo! En estas carreras, los corredores necesitan correr lo suficientemente rápido para mantenerse en la competencia. Pero no pueden correr demasiado rápido, porque estarían demasiado cansados para llegar al final.

Esta competencia proviene de una antigua leyenda griega sobre un soldado que corrió la 26 millas (42 km) que van desde Maratón hasta Atenas.

Competencias de salto

Una competencia emocionante es el salto de longitud. Comienza con una carrera corta para tomar impulso. Los saltadores saltan desde un tablón transversal. La arena vuela cuando aterrizan en el pozo. El salto más largo gana.

En el salto triple, los atletas corren y encadenan tres saltos sucesivos. Se mide la distancia total de los saltos.

El saltador largo británico Greg Rutherford salta para ganar una medalla de bronce en 2016.

London 2012
RUTHERFORD

La saltadora sueca Emma Green hace el salto estilo Fosbury en los Juegos Olímpicos de 2012.

P ¿Por qué algunos saltadores saltan hacia atrás?

Los saltadores de altura buscan los aires. Estos atletas saltan sobre una barra. La barra sube de altura con cada salto. La puntuación de cada uno es la barra más alta que haya saltado. ¿Qué tan alto pueden saltar? ¡Los mejores usualmente rebasan los 6.5 pies (2 metros) de altura!

R

Los saltadores de altura solían saltar como los corredores de obstáculos. Pero en 1968, Dick Fosbury saltó pasando la cabeza primero. Así ganó fácilmente. Muy pronto todos los saltadores de altura estaban imitando el "estilo Fosbury".

Si te gusta el salto de altura, deberías ver el salto con garrocha. Los saltadores comienzan corriendo con un largo palo hacia una barra alta. Encajan el palo en una "caja" al final de la pista. El palo sirve de apoyo para saltar la barra. Arquean la espalda y se lanzan sobre la barra. Al igual que con el salto de altura, la barra de salto con garrocha sube a medida que los saltadores la rebasan.

¿A qué altura llega la barra de salto con garrocha?

Damian Warner de Canadá pasa fácilmente la barra de salto con garrocha.

El récord olímpico para hombres es de 19.8 pies (6.03 metros). ¡Eso significa que un saltador de garrocha podría pasar por encima de una jirafa adulta!

Oleksandr Pyatnytsya de Ucrania puede hacer que una **jabalina** recorra casi la longitud de una cancha de fútbol americano.

Competencias de lanzamiento

Los eventos de lanzamiento olímpico son una demostración de fuerza. Los espectadores pueden ver cuatro tipos de eventos. En uno de ellos, los atletas arrojan una lanza llamada jabalina. Corren por una pista y luego lanzan la jabalina tan lejos como pueden. El lanzamiento más largo gana. Los finalistas pueden rebasar los 187 pies (57 m).

Otros atletas arrojan pesados discos en el campo. Los lanzadores de disco giran en un círculo muy corto. Luego, latiguean el brazo para lanzar el disco.

Otra prueba de fuerza es el lanzamiento de martillo. El "martillo" es en realidad una bola pesada con un cable largo. Los lanzadores giran con fuerza, sujetando el extremo del cable. Finalmente lo sueltan y el martillo vuela por el aire. Gana el atleta que lance el martillo a una mayor distancia.

El medallista de oro Christoph Harting de Alemania gira antes de soltar el disco por los aires.

USA
Rio2016
CARTER

¡Tiro! El **lanzamiento de bala** está hecho de fuerza pura. Como en otros eventos, los lanzadores de bala comienzan girando. Luego arrojan la pesada bola tan lejos como pueden. Sin embargo, no es como lanzar una pelota de béisbol. La bala para hombres pesa un poco más de 16 libras (7.26 kg). ¡Casi 50 veces más pesada que una pelota de béisbol!

La medallista de oro Michelle Carter de EE. UU. toma vuelo para lanzar la bala.

Los mejores atletas

El lema olímpico es "Más rápido, más alto, más fuerte". Desde la antigüedad, los atletas han tratado de correr más rápido, saltar más alto y tener más fuerza. Hoy, el **decatlón** para hombres prueba a los atletas en diez eventos diferentes de atletismo. Las mujeres compiten en siete pruebas en el **heptatlón**. Algunos consideran a los ganadores como los mejores atletas del mundo.

La medallista de oro británica Jessica Ennis-Hill se llevó la victoria en el heptatlón olímpico de 2012.

Los tres hombres más rápidos aceptan sus medallas obtenidas por la carrera de 100 metros en los Juegos Olímpicos de 2016.

Están pasando muchas cosas en las pruebas de pista y campo. Las carreras son más rápidas. Los saltos son más altos. Los lanzamientos son más fuertes. Los atletas entrenan duro para ser los mejores. Todos buscan la máxima recompensa: una medalla de oro. Anima a los mejores atletas de tu país en los Juegos Olímpicos de verano.

Glosario

decatlón Competencia general de pista y campo con diez pruebas para hombres.

heptatlón Competencia general de pista y campo con siete pruebas para mujeres.

jabalina Lanza usada en eventos de lanzamiento.

lanzamiento de bala Deporte en el que un atleta lanza una pesada bola de acero lo más lejos posible.

obstáculos Carrera de velocidad con pequeñas cercas colocadas en la pista que deben saltar los corredores.

relevos Carrera hecha en equipo; cada corredor toma un turno para correr parte de la carrera.

testigo Palo corto que pasa un corredor a otro en las carreras de relevos.

velocista Corredor especializado en correr rápidamente una distancia corta.

Rio2016
Rio2016

Índice

Acerca del autor

M. K. Osborne es un escritor y editor para niños que se emociona con los Juegos Olímpicos, tanto con los de verano como los de invierno, cada dos años.
M. K. Osborne ha estudiado las estadísticas, las cifras y el conteo de medallas para llevar a los lectores jóvenes las mejores historias sobre los Juegos Olímpicos.